AF216421

Impressum
Verlag: BABADADA GmbH, Nedderfeld 112 , 22529 Hamburg
Geschäftsführer / Verlagsleitung: Harald Hof
Druck: Books on Demand GmbH, In de Tarpen 42, 22848 Norderstedt

Imprint
Publisher: BABADADA GmbH, Nedderfeld 112 , 22529 Hamburg, Germany
Managing Director / Publishing direction: Harald Hof
Print: Books on Demand GmbH, In de Tarpen 42, 22848 Norderstedt, Germany

школа

escuela

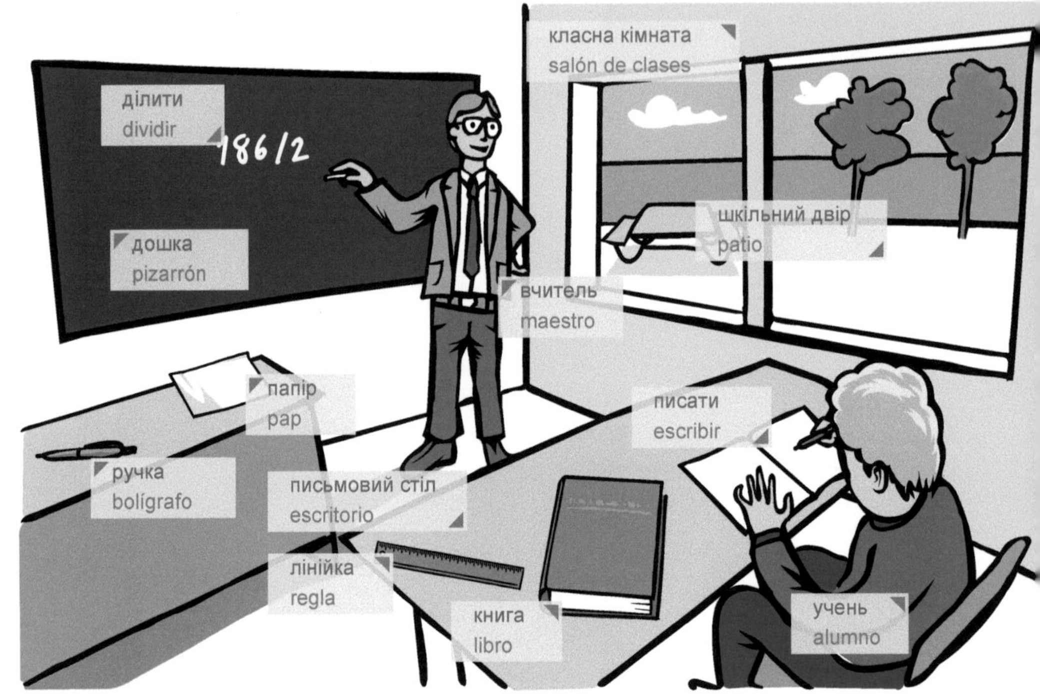
класна кімната
salón de clases
ділити
dividir
186/2
дошка
pizarrón
шкільний двір
patio
вчитель
maestro
папір
pap
писати
escribir
ручка
bolígrafo
письмовий стіл
escritorio
лінійка
regla
книга
libro
учень
alumno

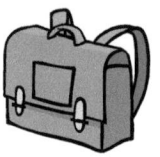

ранець

mochila

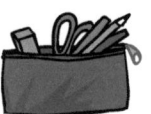

пенал

caja de lápices

олівець

lápiz

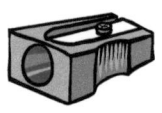

точило

sacapuntas

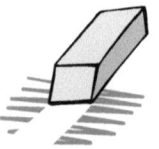

гумка

goma de borrar

альбом для малювання

bloc de dibujo

малюнок	пензель	коробка фарб
dibujo	pincel	caja de lápices de color

ножиці	клей	зошит
tijeras	pegamento	libro de ejercicios

домашнє завдання	число	додавати
tarea	número	sumar

віднімати	множити	рахувати
restar	multiplicar	calcular

літера	абетка	слово
letra	alfabeto	palabra

текст

texto

читати

leer

крейда

tiza

година

lección

класний журнал

cuaderno de clase

екзамен

examen

диплом

certificado

шкільна форма

uniforme

освіта

educación

лексикон

enciclopedia

університет

universidad

мікроскоп

microscopio

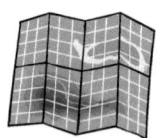

карта

mapa

кошик для паперу

bote de basura

подорож
viaje

готель
hotel
Grand
турбаза
hostel
ROOMS
обмінний пункт
casa de cambio
валіза
maleta
автомобіль
carro

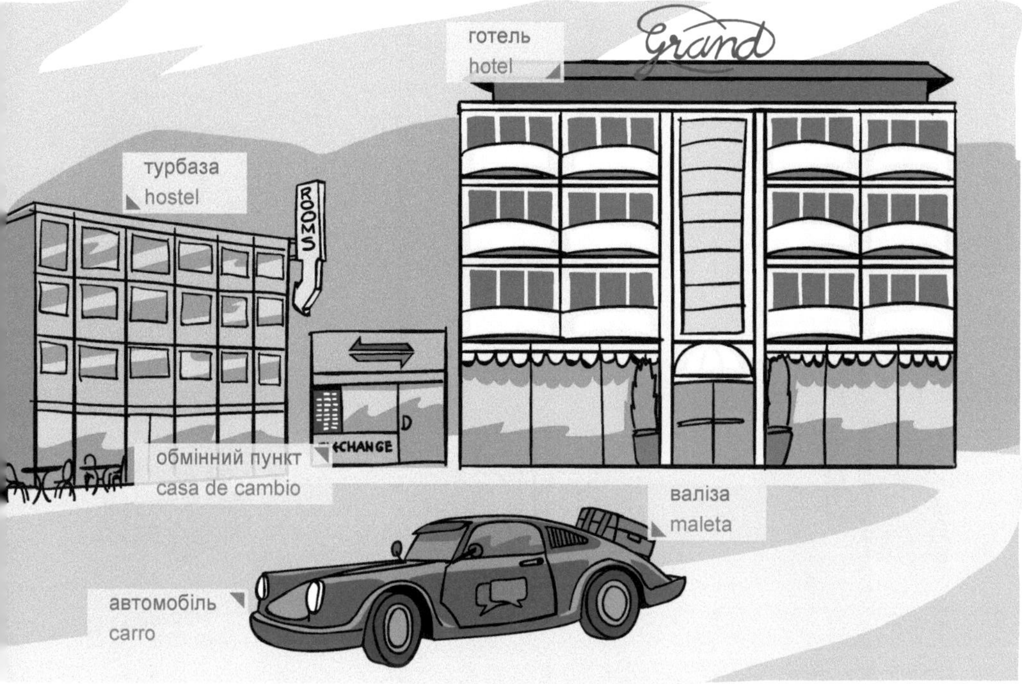

мова

idioma

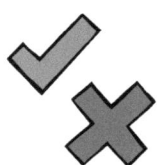

так / ні

sí / no

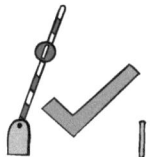

добре

Órale

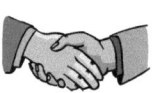

привіт

hola

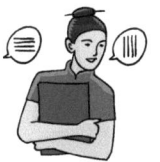

перекладач

traductor

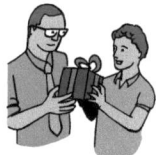

дякую

Gracias

Скільки коштує ...?

¿cuánto cuesta...?

Я не розумію

No entiendo

проблема

problema

Добрий вечір!

¡Buenas tardes!

Доброго ранку!

¡Buenos días!

На добраніч!

¡Buenas noches!

До побачення

adiós

напрямок

dirección

багаж

equipaje

сумка

bolsa

рюкзак

mochila

гість

invitado

кімната

recámara

спальний мішок

bolsa de dormir

намет

tienda de campaña

туристична інформація

información turística

пляж

playa

кредитна картка

tarjeta de crédito

сніданок

desayuno

обід

almuerzo

вечеря

cena

квиток

billete

ліфт

ascensor

поштова марка

sello

межа

frontera

митниця

aduana

посольство

embajada

віза

visa

паспорт

pasaporte

транспорт
transporte

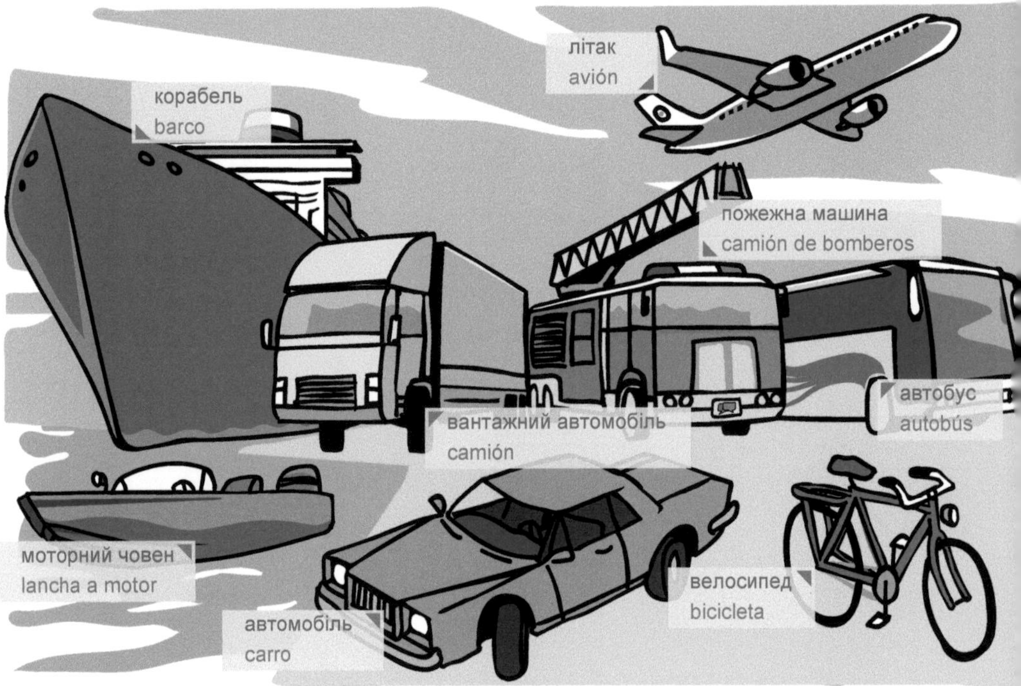

літак
avión
корабель
barco
пожежна машина
camión de bomberos
автобус
autobús
вантажний автомобіль
camión
моторний човен
lancha a motor
велосипед
bicicleta
автомобіль
carro

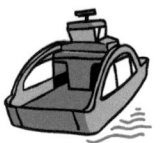

пором
....
ferry

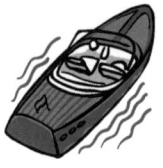

човен
....
bote

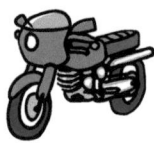

мотоцикл
....
motocicleta

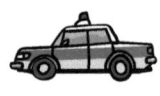

поліцейська машина
....
patrulla

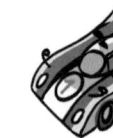

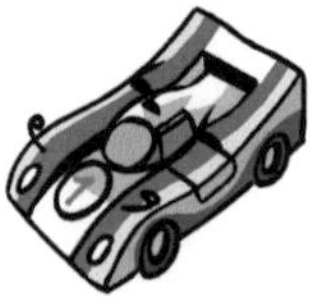

гоночний автомобіль
....
coche de carreras

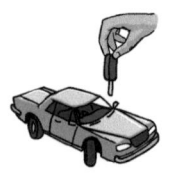

автомобіль на прокат
....
auto para rentar

спільне користування авто

renta de autos

евакуатор

grúa

сміттєвоз

camión recolector de basura

двигун

motor

паливо

gasolina

автозаправна станція

gasolinera

дорожній знак

señal de tráfico

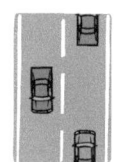

рух

tránsito

затор

embotellamiento

стоянка

aparcamiento

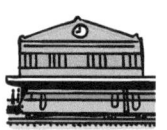

вокзал

estación de tren

рейки

vías

потяг

tren

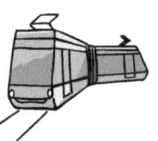

трамвай

tranvía

вагон

vagón

гелікоптер

helicóptero

аеропорт

aeropuerto

вежа

torre

пасажир

pasajero

контейнер

contenedor

коробка

caja de cartón

візок

carretilla

кошик

cesta

стартувати / приземлятися

despegar / aterrizar

місто

ciudad

село

pueblo

центр міста

centro de ciudad

дім

casa

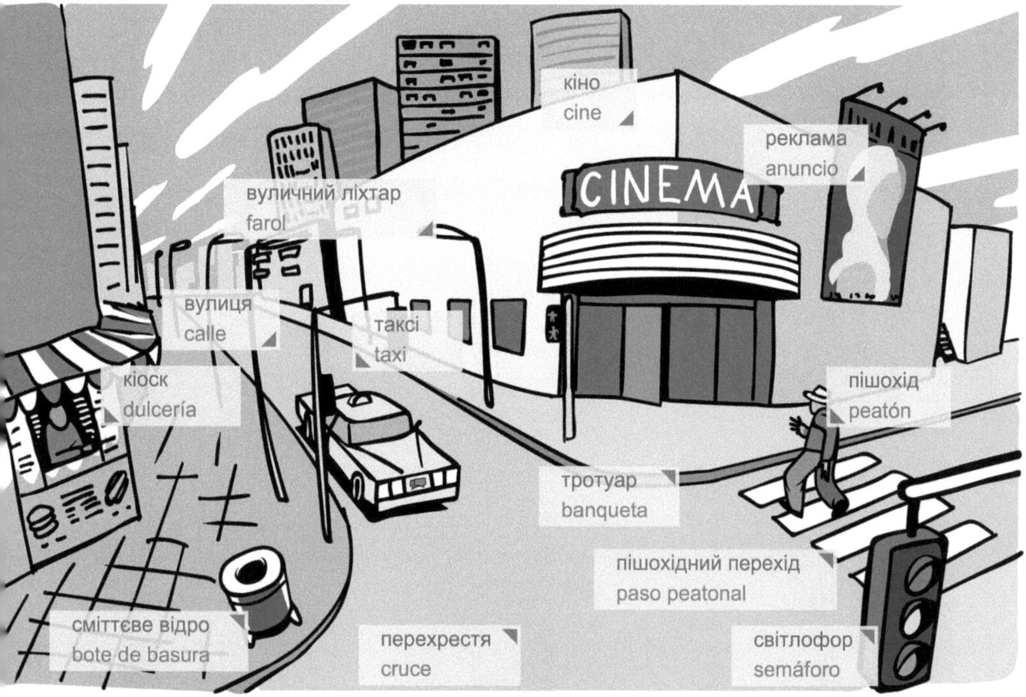

кіно
cine

реклама
anuncio

вуличний ліхтар
farol

CINEMA

вулиця
calle

таксі
taxi

кіоск
dulcería

пішохід
peatón

тротуар
banqueta

пішохідний перехід
paso peatonal

сміттєве відро
bote de basura

перехрестя
cruce

світлофор
semáforo

хатина

cabaña

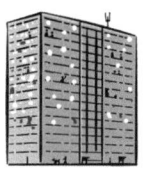

квартира

apartamento

вокзал

estación de tren

ратуша

ayuntamiento

музей

museo

школа

escuela

університет

universidad

банк

banco

лікарня

hospital

готель

hotel

аптека

farmacia

офіс

oficina

книжковий магазин

librería

магазин

tienda

квітковий магазин

florería

супермаркет

supermercado

ринок

mercado

універмаг

grandes tiendas

торговець рибою

pescadería

торговельний центр

centro comercial

гавань

puerto

парк
parque

лава
banco

міст
puente

сходи
escaleras

метро
metro

тунель
túnel

автобусна зупинка
parada de autobús

бар
bar

ресторан
restaurante

поштова скринька
buzón

вулична табличка
letrero

лічильник паркування
parquímetro

зоопарк
zoológico

басейн
alberca

мечеть
mezquita

ферма
granja

забруднення навколишнього середовища
contaminación

кладовище
cementerio

церква
iglesia

дитячий майданчик
área de niños

храм
templo

ландшафт
paisaje

листок
hoja

вказівний стовп
señal

шлях
camino

луг
pradera

камінь
piedra

мандрівник
caminante

дерево
árbol

річка
río

трава
pasto

квітка
flor

долина
valle

гора
montaña

озеро
lago

ліс
bosque

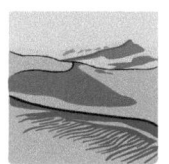

пустеля
desierto

вулкан
volcán

замок
castillo

веселка
arco iris

гриб
champiñón

пальма
palmera

комар
mosquito

муха
mosca

мурашка
hormiga

бджола
abeja

павук
araña

жук

escarabajo

жаба

rana

вивірка

ardilla

їжак

erizo

заєць

liebre

сова

lechuza

птах

pájaro

лебідь

cisne

кабан

jabalí

олень

ciervo

лось

alce

гребля

embalse

вітряк

turbina eólica

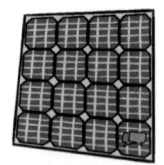

сонячний модуль

pansolar

клімат

clima

ресторан

restaurante

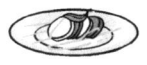

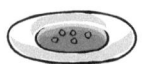

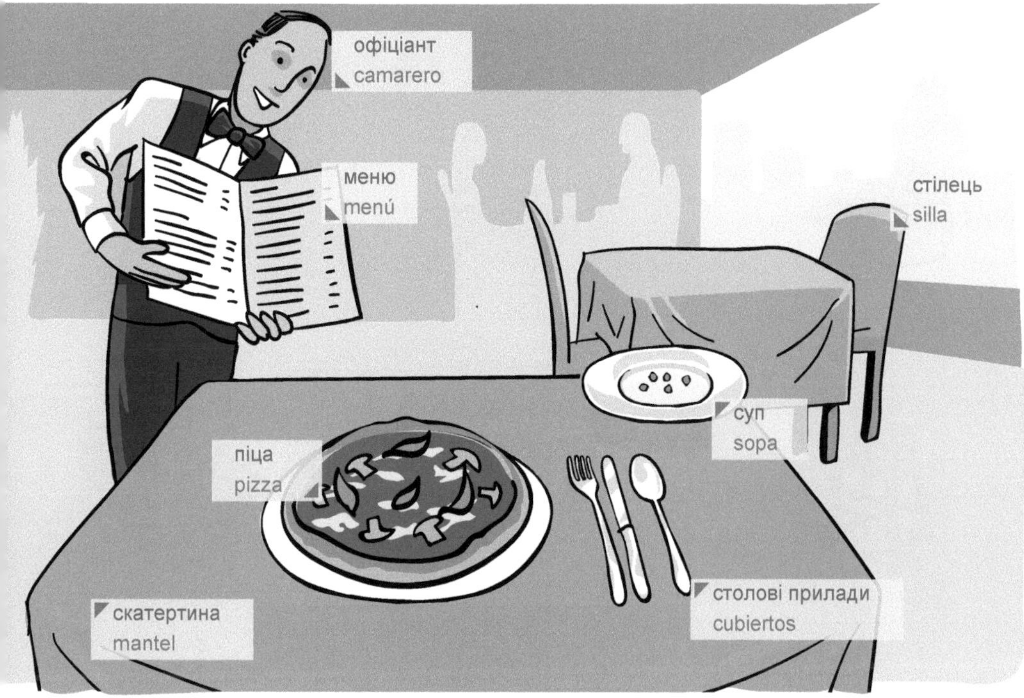

офіціант
camarero
меню
menú
стілець
silla
суп
sopa
піца
pizza
столові прилади
cubiertos
скатертина
mantel

закуска

entrada

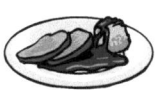

друга страва

plato fuerte

десерт

postre

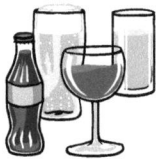

напої

bebidas

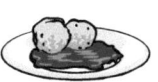

їжа

comida

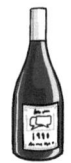

пляшка

botella

фаст-фуд

comida rápida

вулична їжа

comida de calle

чайник

tetera

цукорниця

azucarera

порція

porción

еспресо-машина

cafetera espresso

високий стільчик

periquera

рахунок

cuenta

піднос

charola

ніж

cuchillo

вилка

tenedor

ложка

cuchara

чайна ложка

cuchara de té

серветка

servilleta

склянка

vaso

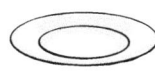

тарілка

plato

тарілка для супу

plato hondo

блюдце

plato

соус

salsa

солонка

salero

млин для перцю

molino para pimienta

оцет

vinagre

масло

aceite

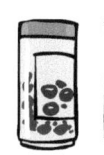

спеції

especias

кетчуп

kétchup

гірчиця

mostaza

майонез

mayonesa

супермаркет
supermercado

пропозиція
oferta especial
FOR
клієнт
cliente
молочні продукти
productos lácteos
фрукти
fruta
візок для покупок
carrito para compras

BUTCHERS

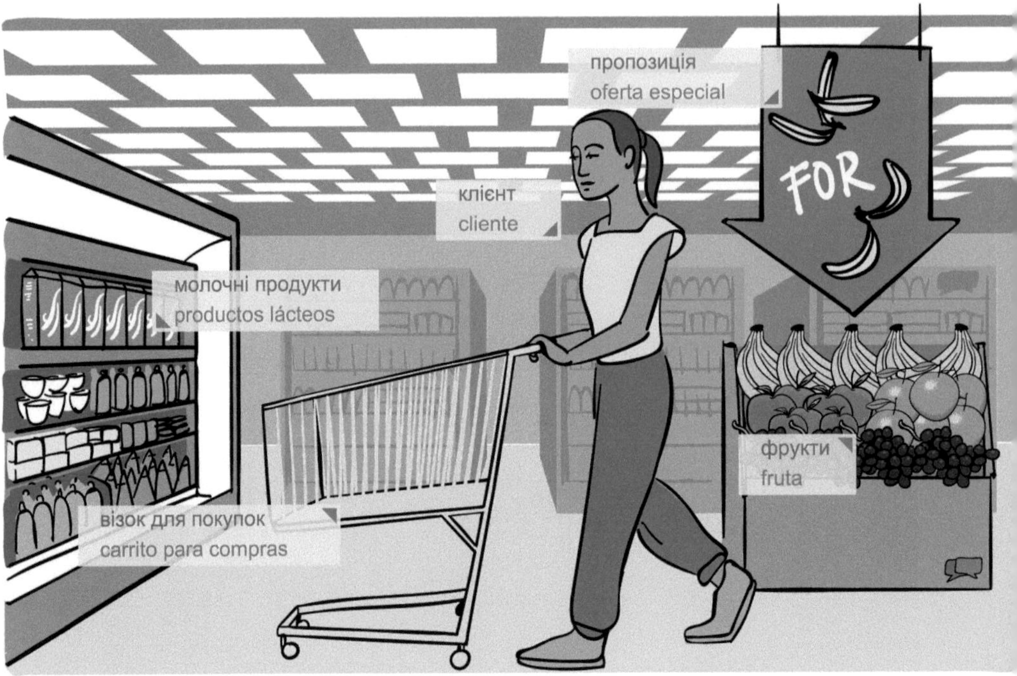

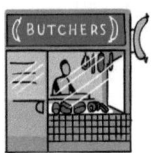

м'ясний магазин

carnicería

BAKERY

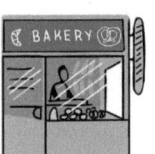

пекарня

panadería

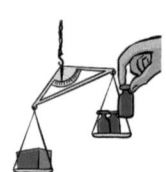

зважувати

pesar

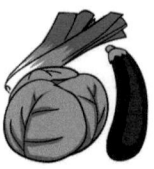

овочі

vegetales

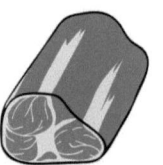

м'ясо

carne

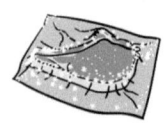

заморожені продукти

alimentos congelados

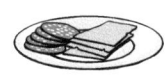

ковбасна нарізка

carnes frías

консерви

alimentos enlatados

пральний порошок

detergente en polvo

солодощі

dulces

предмети домашнього побуту

electrodomésticos

мийний засіб

productos de limpieza

продавщиця

vendedora

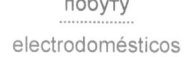

каса

caja

касир

cajero

список покупок

lista de compras

часи роботи

horario de atención al público

гаманець

cartera

кредитна картка

tarjeta de crédito

сумка

bolsa

поліетиленовий пакет

bolsa de plástico

вода

agua

сік

jugo

молоко

leche

кола

refresco de cola

вино

vino

пиво

cerveza

алкоголь

alcohol

какао

cacao

чай

té

кава

café

еспресо

espresso

капучіно

cappuccino

банан

plátano

яблуко

manzana

апельсин

naranja

кавун

melón

лимон

limón

морква

zanahoria

часник

ajo

бамбук

bambú

цибуля

cebolla

гриб

champiñón

горішки

nueces

локшина

fideos

спагеті

espaguetis

рис

arroz

салат

ensalada

картопля фрі

patatas fritas

смажена картопля

patatas fritas

піца

pizza

гамбургер

hamburguesa

бутерброд

emparedado

шніцель

filete

шинка

jamón

салямі

salami

ковбаса

salchicha

курка

pollo

печеня

asado

риба

pescado

їжа - comida

вівсяні пластівці

copos de avena

мюслі

muesli

кукурудзяні пластівці

copos de maíz

борошно

harina

круасан

cuernito

булочка

bolillo

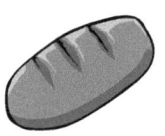

хліб

pan

тостовий хліб

tostada

печиво

galletas

масло

mantequilla

сир

cuajada

пиріг

pastel

яйце

huevo

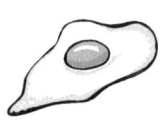

яєчня

huevo frito

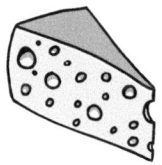

сир

queso

морозиво

helado

цукор

azúcar

мед

miel

мармелад

mermelada

нуга-крем

crema de chocolate

карі

curry

ферма

granja

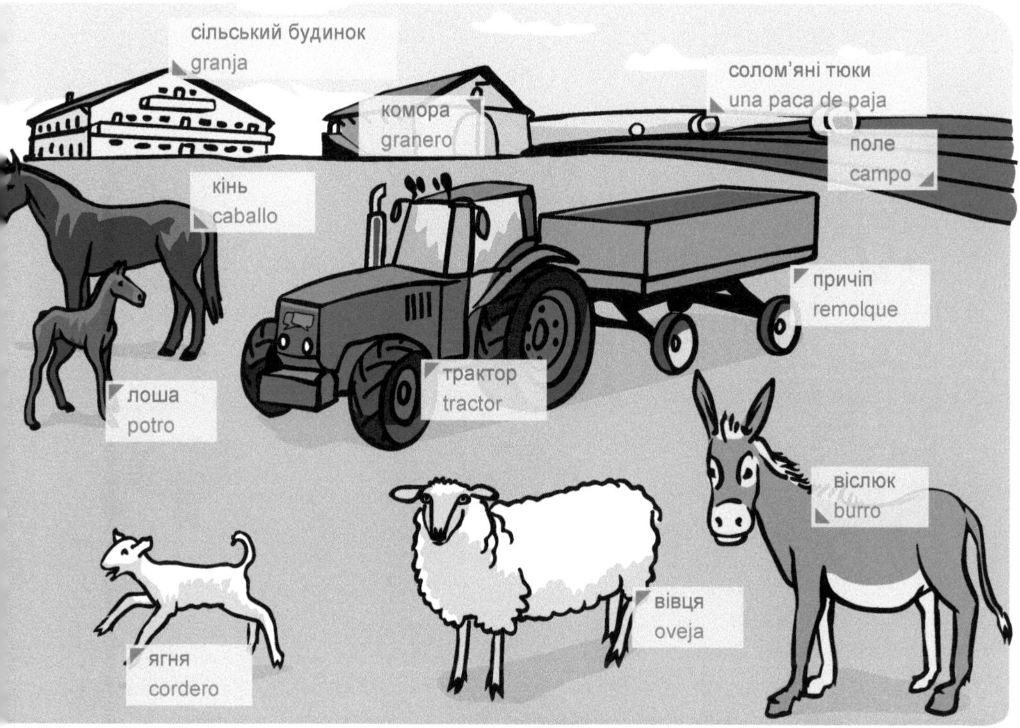

сільський будинок
granja
солом'яні тюки
una paca de paja
комора
granero
поле
campo
кінь
caballo
причіп
remolque
трактор
tractor
лоша
potro
віслюк
burro
вівця
oveja
ягня
cordero

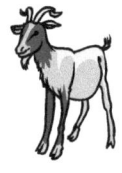

коза
cabra

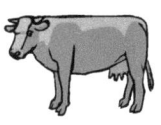

корова
vaca

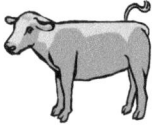

теля
ternero

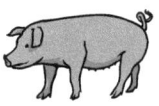

свиня
cerdo

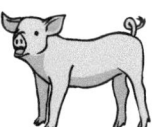

порося
lechón

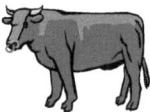

бик
toro

гусак

ganso

качка

pato

курча

pollo

курка

gallina

півень

gallo

щур

rata

кіт

gato

миша

ratón

віл

buey

собака

perro

собача будка

casa dperro

садовий шланг

manguera

лійка

regadera

коса

guadaña

плуг

arado

серп

hoz

мотика

azadón

вила

horquilla

сокира

hacha

тачка

carretilla

корито

bebedero

бідон молока

bote de leche

мішок

saco

паркан

valla

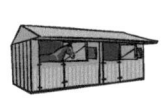

хлів

establo

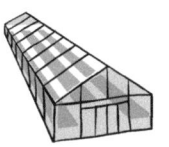

теплиця

invernadero

ґрунт

suelo

насіння

semilla

добриво

fertilizador

комбайн

cosechadora

пожинати

cosechar

урожай

cosecha

корінь ямсу

camote

пшениця

trigo

соя

soja

картопля

patata

кукурудза

maíz

ріпак

semilde colza

плодове дерево

árbol frutal

маніок

mandioca

злаки

cereales

дім

casa

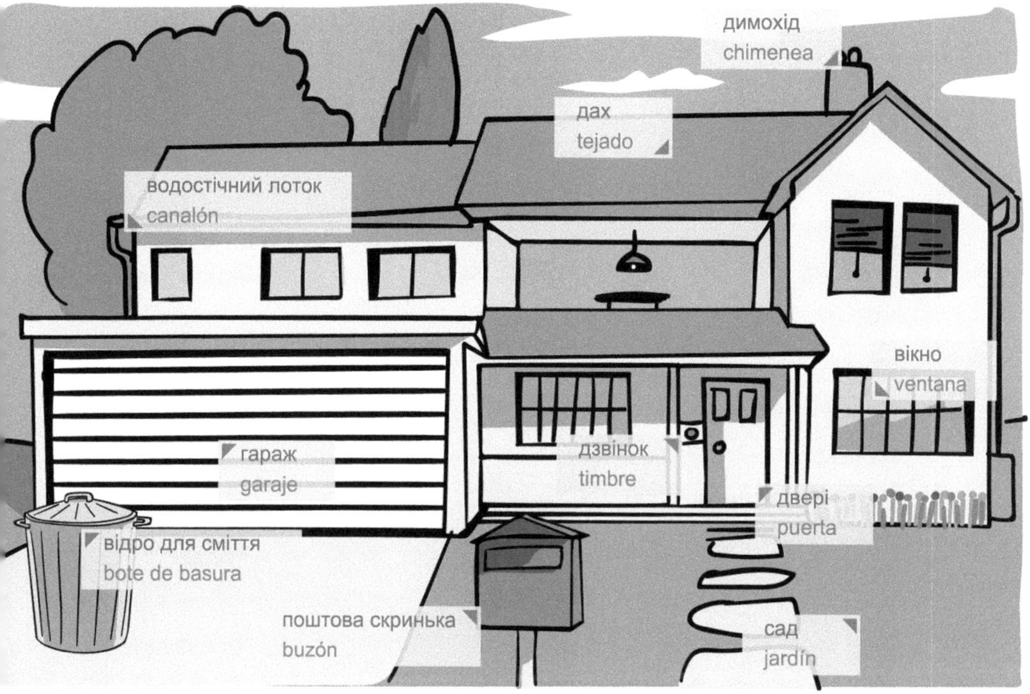

димохід
chimenea
дах
tejado
водостічний лоток
canalón
вікно
ventana
гараж
garaje
дзвінок
timbre
двері
puerta
відро для сміття
bote de basura
поштова скринька
buzón
сад
jardín

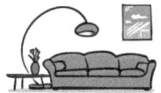

вітальня

estancia

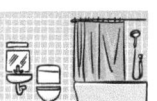

ванна кімната

baño

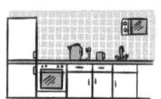

кухня

cocina

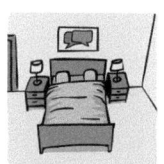

спальня

recámara

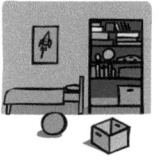

дитяча кімната

recámara de los niños

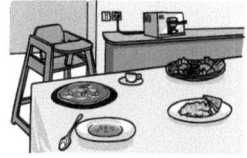

їдальня

comedor

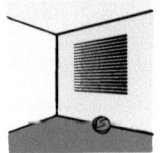

підлога

suelo

стіна

pared

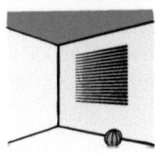

стеля

techo

підвал

sótano

сауна

sauna

балкон

balcón

тераса

terraza

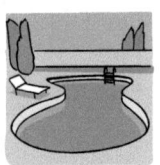

басейн

alberca

косарка

cortacésped

простирало

sábana

ковдра

colcha

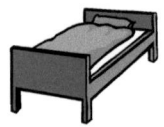

ліжко

cama

мітла

escoba

відро

balde

перемикач

interruptor

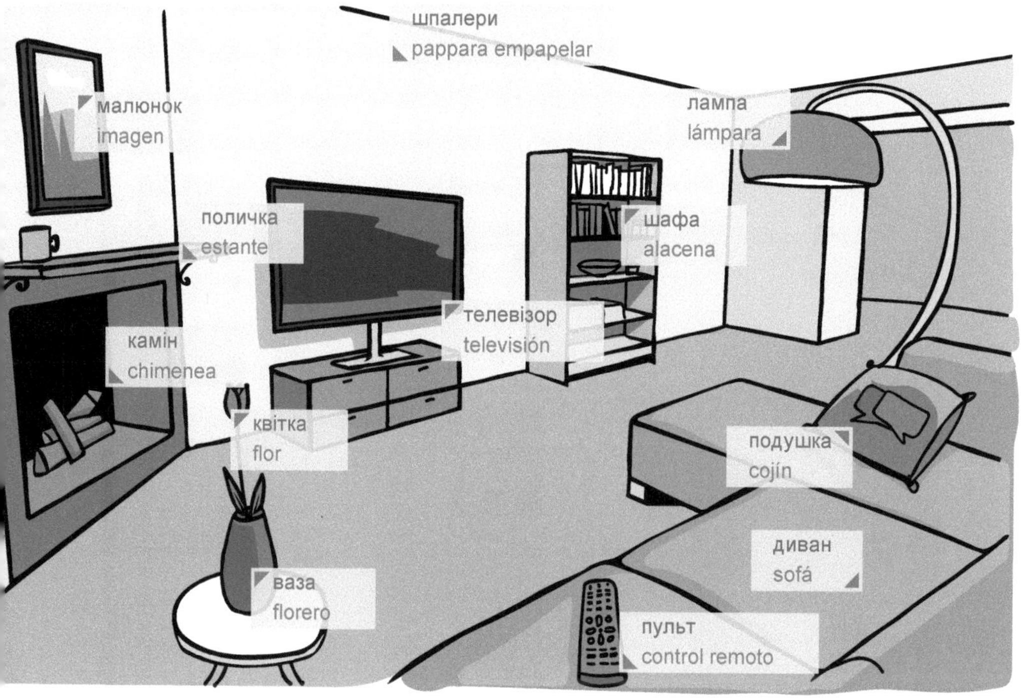

шпалери
pappara empapelar

малюнок
imagen

лампа
lámpara

поличка
estante

шафа
alacena

телевізор
televisión

камін
chimenea

квітка
flor

подушка
cojín

ваза
florero

диван
sofá

пульт
control remoto

килим
alfombra

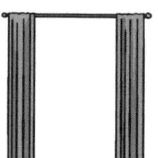

завіса
cortina

стіл
mesa

стілець
silla

крісло-гойдалка
mecedora

крісло
sillón

книга
libro

ковдра
frazada

прикраса
decoración

дрова
leña

фільм
película

стереосистема
equipo de música

ключ
llave

газета
periódico

картина
pintura

плакат
póster

радіо
radio

блокнот
cuaderno

пилосос
aspiradora

кактус
cactus

свічка
vela

кухня
cocina

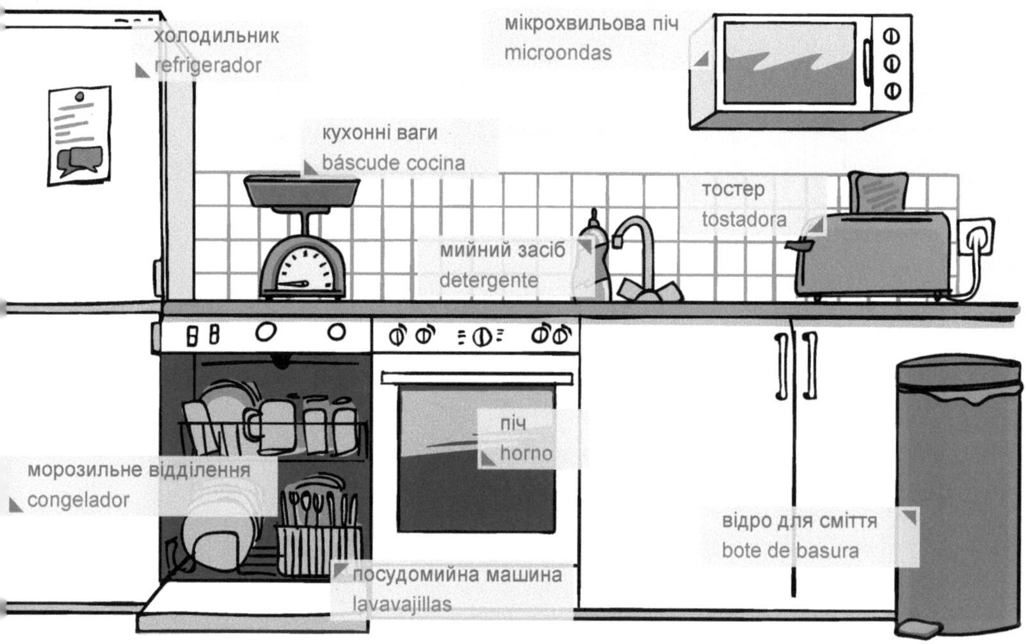

холодильник
refrigerador
мікрохвильова піч
microondas
кухонні ваги
báscude cocina
тостер
tostadora
мийний засіб
detergente
піч
horno
морозильне відділення
congelador
відро для сміття
bote de basura
посудомийна машина
lavavajillas

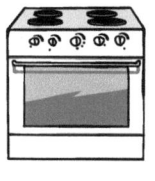

плита
opresión

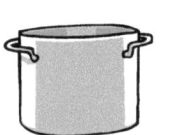

горщик
olla

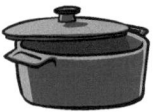

чавунний горщик
olde hierro fundido

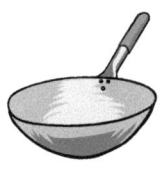

вок / кадай
wok

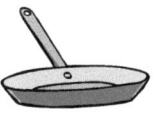

сковорода
sartén

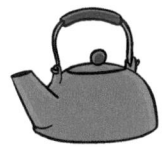

чайник
hervidor

пароварка

vaporera

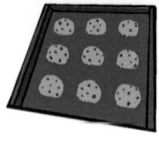

лист

charode horno

посуд

loza

кухоль

taza

чаша

bol

палички для їжі

palillos

черпак

cucharón

лопатка

espátula

вінчик для збивання

batidora

сито

colador

сито

colador

терка

rallador

ступка

mortero

барбекю

barbacoa

багаття

fogata

дошка

tabpara picar

качалка

rodillo para amasar

штопор

sacacorchos

конзерва

lata

відкривачка

abrelatas

прихватки

guante de cocina

раковина

fregadero

щітка

cepillo

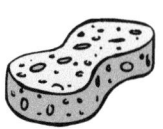

губка

esponja

міксер

batidora

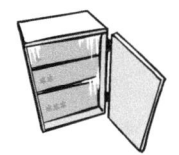

морозильна камера

congelador

дитяча пляшка

biberón

кран

llave

ванна кімната

baño

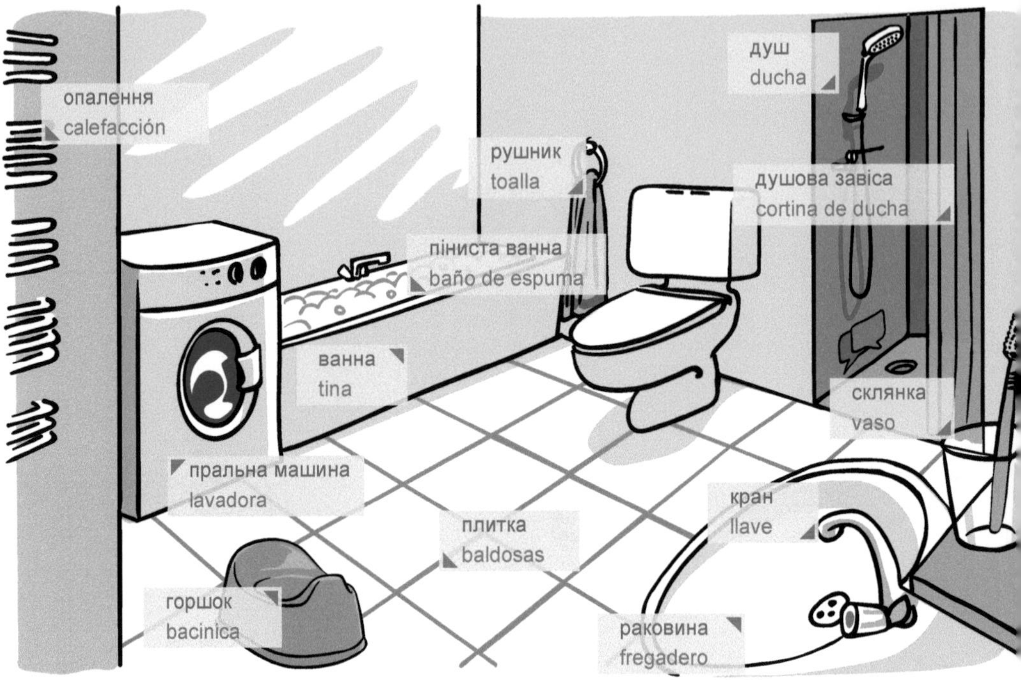

опалення
calefacción
душ
ducha
рушник
toalla
душова завіса
cortina de ducha
пiниста ванна
baño de espuma
ванна
tina
склянка
vaso
пральна машина
lavadora
кран
llave
плитка
baldosas
горшок
bacinica
раковина
fregadero

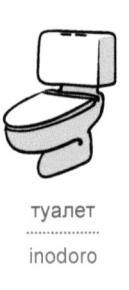

туалет

inodoro

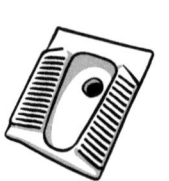

підлоговий туалет

letrina

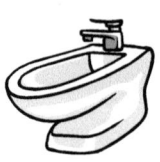

біде

bidé

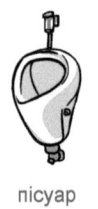

пісуар

mingitorio

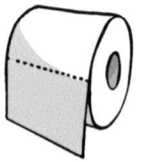

туалетний папір

paphigiénico

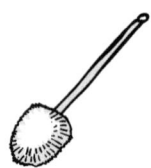

щітка для туалету

cepillo para baño

зубна щітка

cepillo de dientes

зубна паста

pasta dental

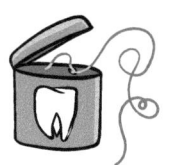

нитка для чищення зубів

hilo dental

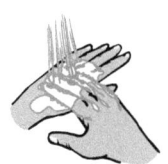

мити

lavar

ручний душ

ducha de mano

інтимний душ

ducha vaginal

таз

fregadero

щітка для спини

cepillo de espalda

мило

jabón

гель для душу

gde ducha

шампунь

champú

мочалка

toallita

водостік

drenaje

крем

crema

дезодорант

desodorante

дзеркало

espejo

косметичне дзеркало

espejo de tocador

бритва

máquina para afeitar

піна для гоління

espuma de afeitar

лосьйон після гоління

loción para después de afeitar

гребінь

peine

щітка

cepillo

фен

secadora

лак для волосся

laca

косметика

maquillaje

губна помада

lápiz labial

лак для нігтів

esmalte para uñas

вата

algodón

ножиці для нігтів

tijeras para uñas

парфум

perfume

косметичка

estuche para cosméticos

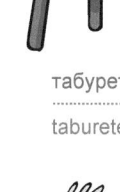

табурет

taburete

ваги

báscula

халат

bata

гумові рукавички

guantes de goma

тампон

tampón

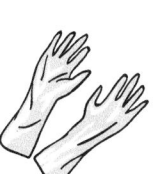

гігієнічні прокладки

toalsanitaria

біотуалет

baño móvil

дитяча кімната
recámara de los niños

будильник
despertador
м'яка іграшка
peluche
іграшковий автомобіль
carro de juguete
брязкальце
sonaja
ляльковий будиночок
casa de muñecas
подарунок
regalo

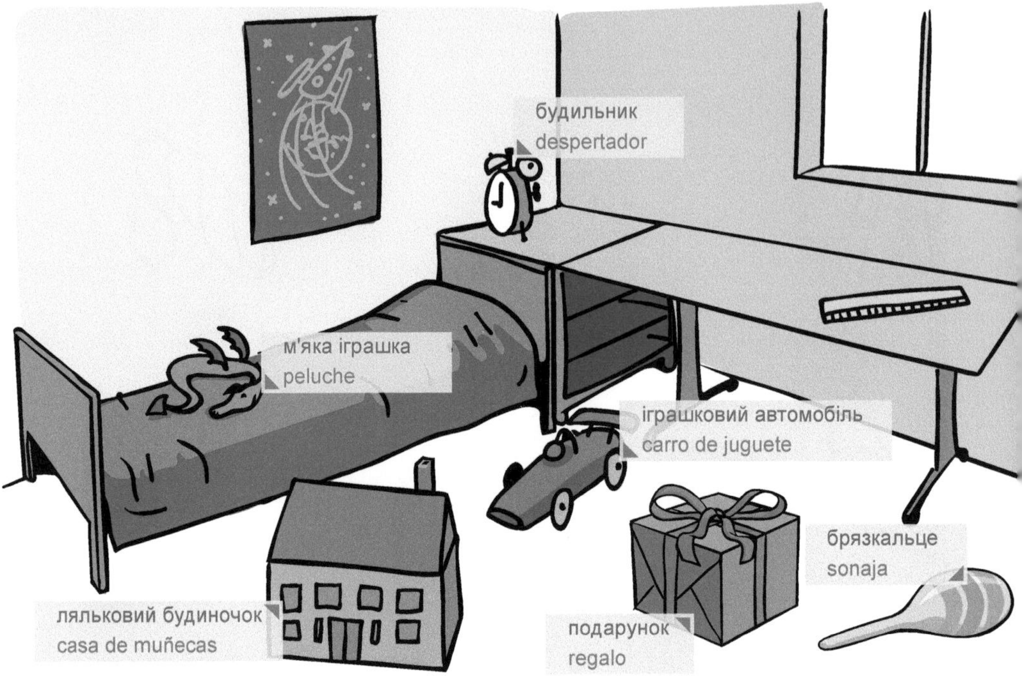

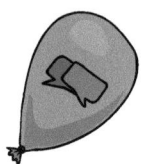

повітряна кулька

globo

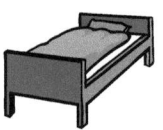

ліжко

cama

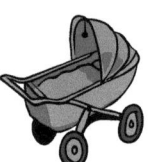

дитячий візок

carriola

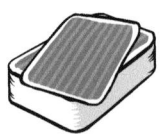

картярська гра

cartas

пазл

rompecabezas

SUPER MEGA

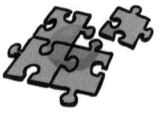

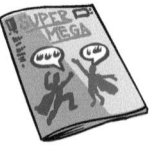

комікс

cómic

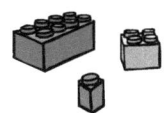

лего цеглинки

piezas de lego

блоки

bloques para jugar

іграшкова фігурка

figura de acción

повзунки

mameluco

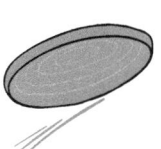

фризбі

frisbee

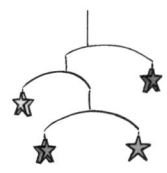

мобіле

móvil para bebés

настільна гра

juego de mesa

кубик

dados

модель залізнична станція

tren eléctrico

соска

maniquí

вечірка

fiesta

книжка з картинками

álbum de fotos

м'яч

balón

лялька

muñeca

грати

jugar

пісочниця

arenero

гойдалка

columpio

іграшка

juguetes

гральна консоль

consode videojuegos

триколісний велосипед

triciclo

плюшевий мішка

oso de peluche

шафа

clóset

одяг

ropa

шкарпетки

calcetines

панчохи

pantimedias

колготки

mallas

шарф
bufanda

парасоля
paraguas

футболка
playera

ремінь
cinto

чоботи
botas

домашнє взуття
chanclas

кросівки
tenis

сандалі
sandalias

взуття
zapatos

гумові чоботи
botas de goma

труси
ropa interior

бюстгальтер
brasier

нижня сорочка
chaleco

боді

body

штани

pantalones

джинси

pantalones de mezclilla

спідниця

falda

блузка

blusa

сорочка

camisa

пуловер

suéter

светр

sudadera

піджак

saco sport

куртка

chamarra

пальто

abrigo

дощовик

impermeable

костюм

traje

сукня

vestido

весільна сукня

vestido de novia

костюм

traje

нічна сорочка

camisón

піжама

pijama

capi

sari

головна хустка

pañuelo para cabeza

чалма

turbante

бурка

burka

кафтан

caftán

абая

abaya

купальник

traje de baño

плавки

short de baño

шорти

shorts

тренувальний костюм

pants

фартух

delantal

рукавички

guantes

гудзик

botón

окуляри

gafas

браслет

brazalete

ланцюг

collar

кільце

anillo

сережка

arete

шапка

gorra

плічка

gancho

капелюх

sombrero

краватка

corbata

застібка-блискавка

cierre

шолом

casco

підтяжки

tirantes

шкільна форма

uniforme

уніформа

uniforme

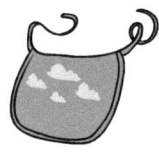

нагрудник

babero

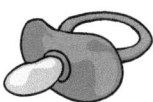

соска

maniquí

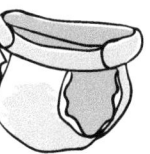

підгузок

pañal

офіс

oficina

сервер
servidor
шаф для документів
archivo
принтер
impresora
папір
pap
монітор
monitor
миша
mouse
письмовий стіл
escritorio
папка
carpeta
синтезатор
teclado
кошик для паперу
bote de basura
комп'ютер
computadora
стілець
silla

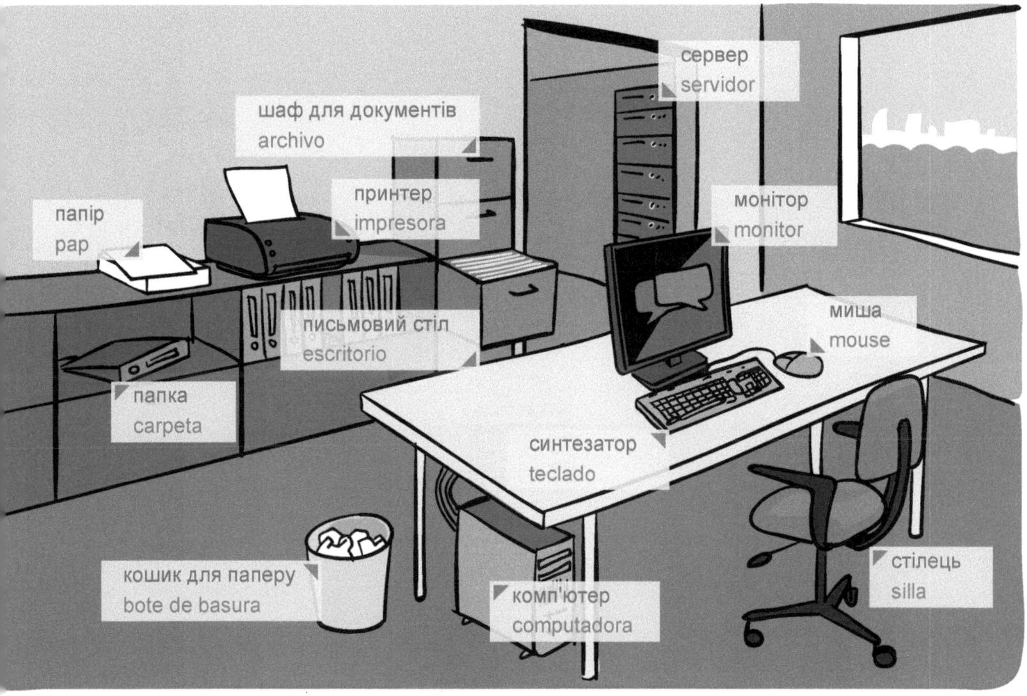

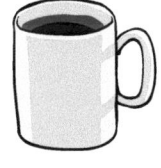

кавовий кухоль

taza de café

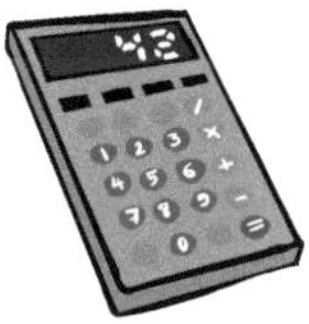

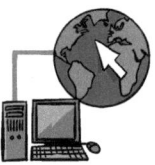

калькулятор

calculadora

інтернет

internet

ноутбук

notebook

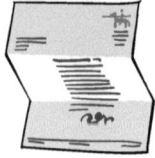

лист

carta

повідомлення

mensaje

мобільний телефон

móvil

мережа

red

копіювальний пристрій

fotocopiadora

програмне забезпечення

software

телефон

teléfono

розетка

tomacorriente

факс

fax

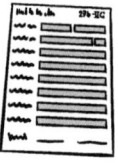

бланк

formulario

документ

documento

купувати

comprar

платити

pagar

торгувати

hacer negocios

гроші

dinero

долар

dólar

євро

euro

ієна

yen

рубль

rublo

франк

franco suizo

юанів женьміньбі

yuan

рупія

rupia

банкомат

cajero automático

обмінний пункт

casa de cambio

золото

oro

срібло

plata

нафта

petróleo

енергія

energía

ціна

precio

контракт

contrato

податок

impuesto

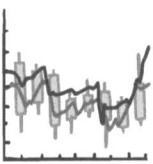

акція

acción

працювати

trabajar

працівник

empleado

роботодавець

empleador

фабрика

fábrica

магазин

tienda

професії
ocupaciones

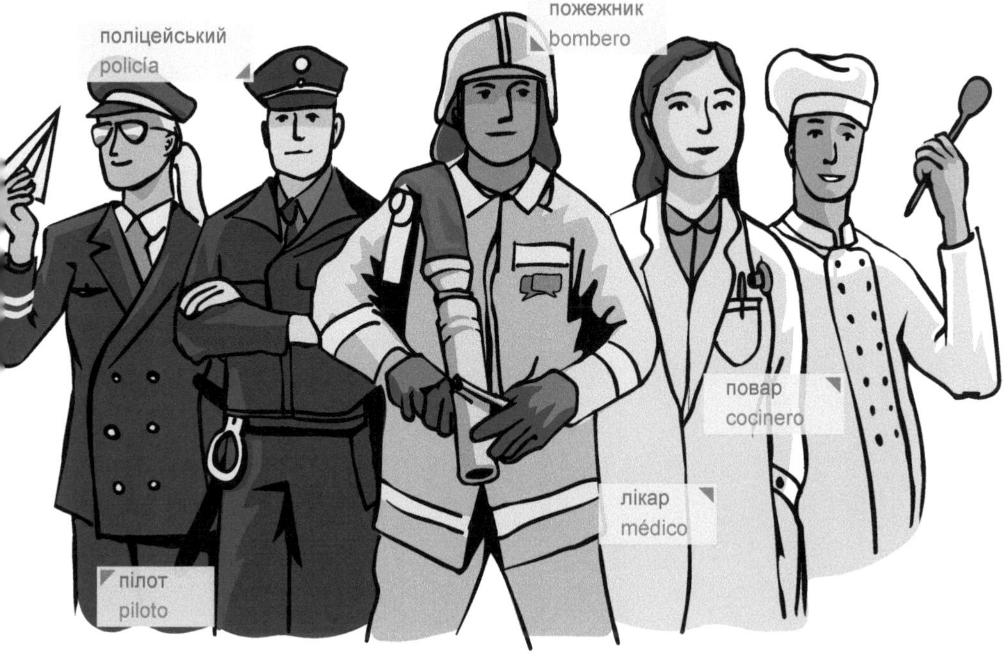

поліцейський
policía
пожежник
bombero
повар
cocinero
лікар
médico
пілот
piloto

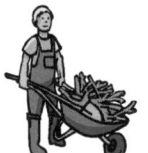

садівник

jardinero

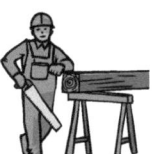

столяр

carpintero

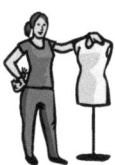

швачка

costurera

суддя

juez

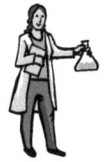

хімік

farmacéutico

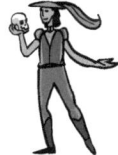

актор

actor

водій автобуса

conductor de autobús

таксист

taxista

рибалка

pescador

прибиральниця

señora de limpieza

покрівельник

instalador de techos

офіціант

camarero

мисливець

cazador

художник

pintor

пекар

panadero

електрик

electricista

будівельник

obrero

інженер

ingeniero

забійник

carnicero

бляхар

plomero

листоноша

cartero

солдат

soldado

архітектор

arquitecto

касир

cajero

флорист

florista

перукар

peluquero

кондуктор

cobrador

механік

mecánico

капітан

capitán

дантист

dentista

вчений

científico

рабин

rabino

імам

imán

монах

monje

пастор

sacerdote

інструменти
herramientas

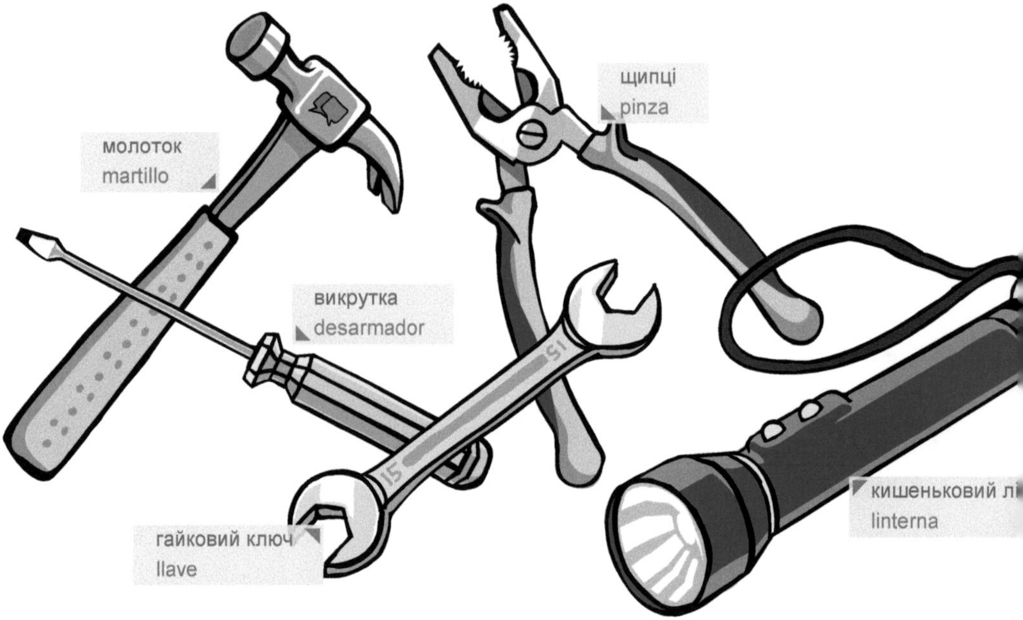
щипці
pinza
молоток
martillo
викрутка
desarmador
кишеньковий лі
linterna
гайковий ключ
llave

екскаватор

excavadora

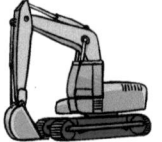

ящик для інструментів

caja de herramientas

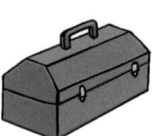

драбина

escalera de mano

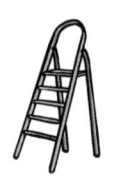

пилка

sierra

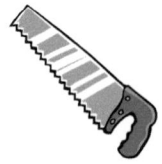

цвяхи

clavos

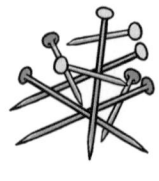

свердло

taladro

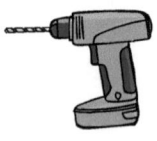

ремонтувати

reparar

лопата

pala

лайно!

¡Maldición!

совок

recogedor

відро з фарбою

bote de pintura

гвинти

tornillos

музичні інструменти
instrumentos musicales

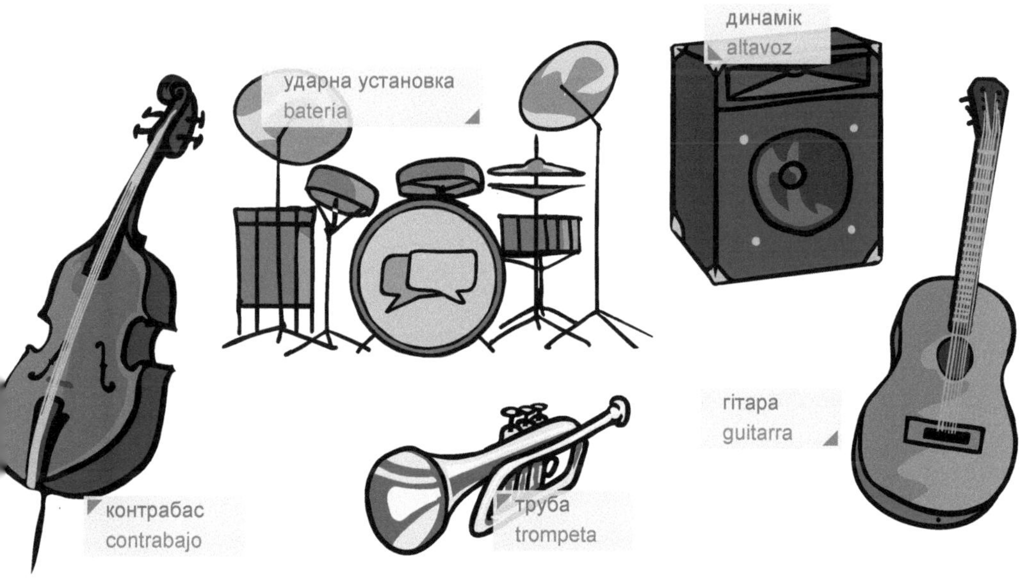

ударна установка
bateria

динамік
altavoz

гітара
guitarra

контрабас
contrabajo

труба
trompeta

фортепіано

piano

скрипка

violín

бас

bajo

литаври

timbales

барабан

tambor

клавіатура

teclado

саксофон

saxofón

флейта

flauta

мікрофон

micrófono

зоопарк
zoológico

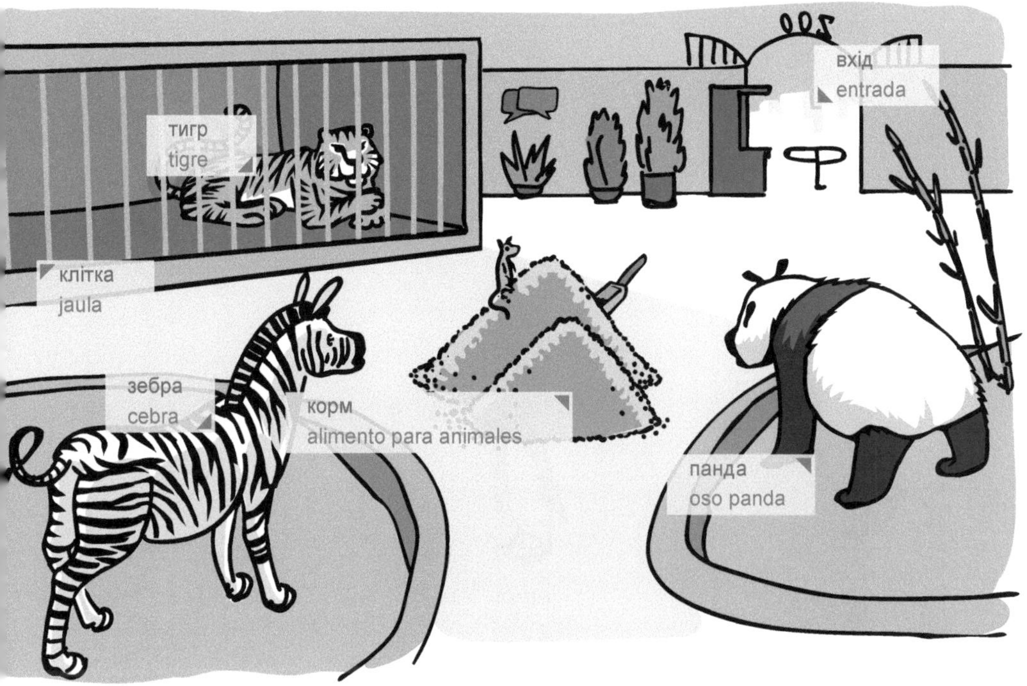

тигр
tigre
вхід
entrada
клітка
jaula
зебра
cebra
корм
alimento para animales
панда
oso panda

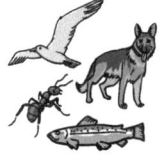

тварини

animales

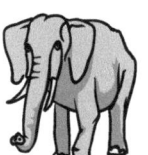

слон

elefante

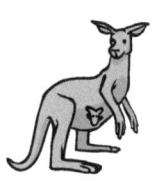

кенгуру

canguro

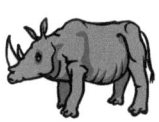

носоріг

rinoceronte

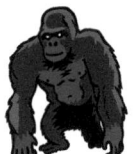

горила

gorila

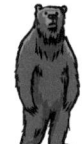

ведмідь

oso

верблюд

camello

страус

avestruz

лев

león

мавпа

mono

фламінго

flamenco

папуга

loro

білий ведмідь

oso polar

пінгвін

pingüino

акула

tiburón

павич

pavo real

змія

serpiente

крокодил

cocodrilo

працівник зоопарку

guardián de zoológico

тюлень

foca

ягуар

jaguar

поні
poni

леопард
leopardo

гіпопотам
hipopótamo

жираф
jirafa

орел
águila

кабан
jabalí

риба
pescado

черепаха
tortuga

морж
morsa

лисиця
zorro

газель
gacela

американський футбол
fútbol americano

їзда на велосипеді
ciclismo

теніс
tenis

баскетбол
baloncesto

плавання
natación

бокс
boxeo

хокей
hockey sobre hielo

футбол
fútbol

бадмінтон
bádminton

легка атлетика
atletismo

гандбол
handball

лижні перегони
esquí

поло
polo

дії
actividades

сміятися
reír
стрибати
saltar
обіймати
abrazar
йти
caminar
співати
cantar
мріяти
soñar
молитися
rezar
цілувати
besar

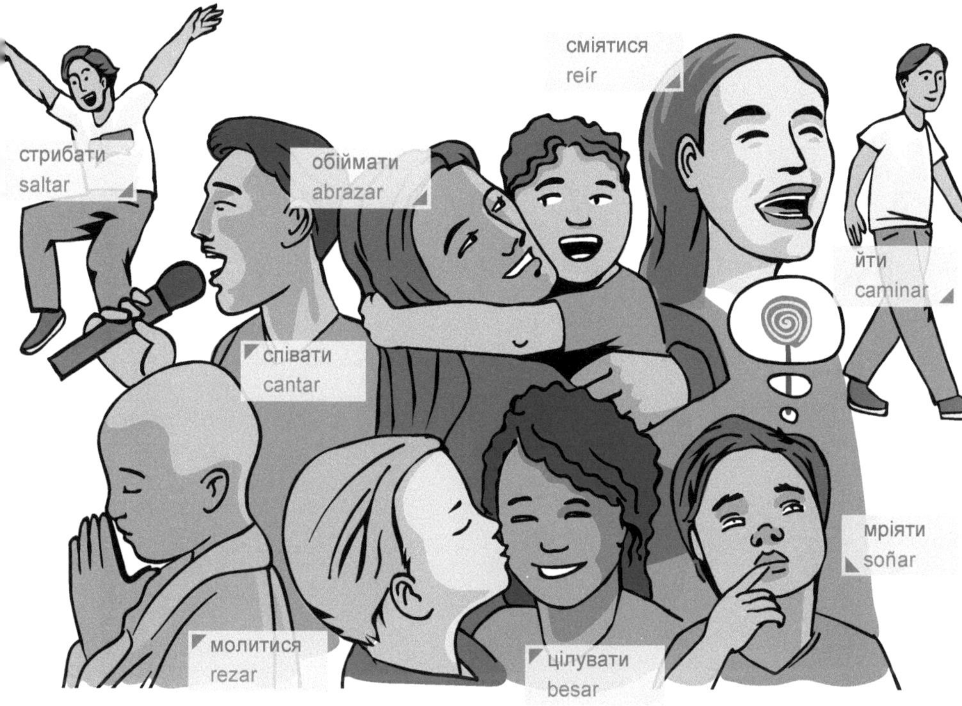

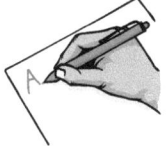

писати

escribir

малювати

dibujar

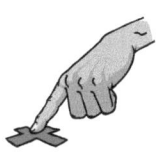

показувати

mostrar

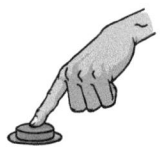

тиснути

empujar

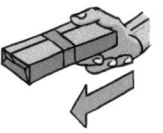

давати

dar

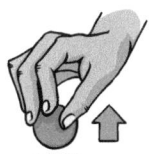

брати

tomar

мати

tener

робити

hacer

бути

ser

стояти

estar parado

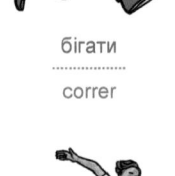

бігати

correr

тягнути

jalar

кидати

arrojar

падати

caer

лежати

estar acostado

очікувати

esperar

носити

llevar

сидіти

estar sentado

одягати

vestirse

спати

dormir

просипатися

despertar

дивитися

mirar

плакати

llorar

гладити

acariciar

розчісувати

peinar

розмовляти

hablar

розуміти

entender

питати

preguntar

слухати

escuchar

пити

beber

їсти

comer

прибирати

ordenar

любити

amar

варити

cocinar

їхати

conducir

літати

volar

йти під вітрилом

navegar

рахувати

calcular

читати

leer

вчитися

aprender

працювати

trabajar

одружуватися

casarse

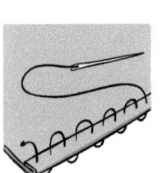

шити

coser

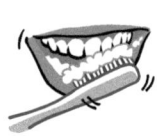

чистити зуби

cepillarse los dientes

убивати

matar

курити

fumar

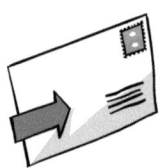

посилати

enviar

бабуся
abuela

дідуся
abuelo

батько
padre

мати
madre

немовля
bebé

донька
hija

син
hijo

гість

invitado

тітка

tía

дядько

tío

брат

hermano

сестра

hermana

тіло

cuerpo

чоло
frente
око
ojo
плече
hombro
палець
dedo
обличчя
cara
підборіддя
barbilla
кисть
mano
нога
pierna
груди
pecho
рука
brazo

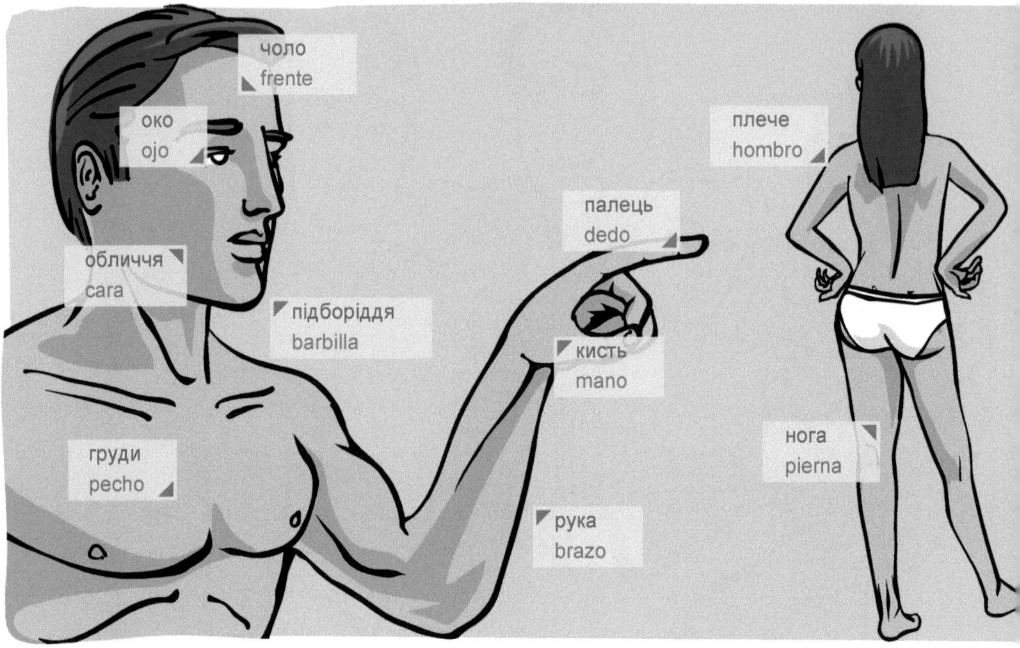

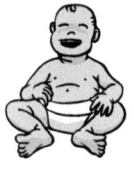

немовля
bebé

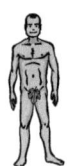

чоловік
hombre

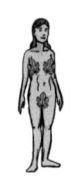

жінка
mujer

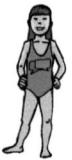

дівчина
niña

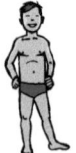

хлопчик
niño

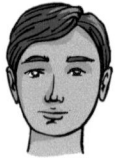

голова
cabeza

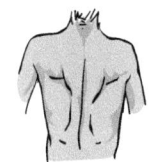

спина

espalda

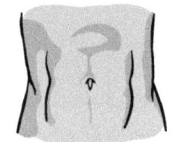

живіт

barriga

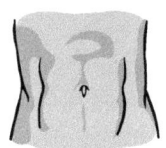

пуп

ombligo

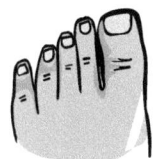

палець ноги

dedo dpie

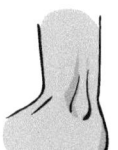

п'ята

talón

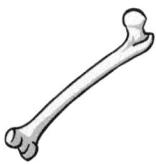

кістка

hueso

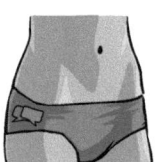

стегно

cadera

коліно

rodilla

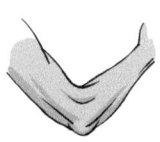

лікоть

codo

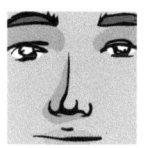

ніс

nariz

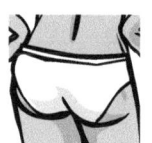

сідниці

pompis

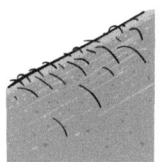

шкіра

piel

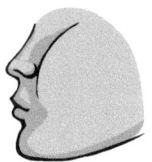

щока

mejilla

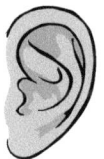

вухо

oído

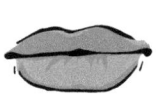

губа

labio

рот
boca

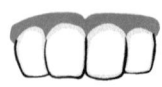

зуб
diente

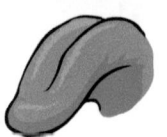

язик
lengua

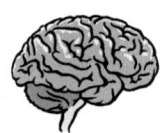

мозок
cerebro

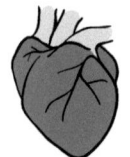

серце
corazón

м'яз
músculo

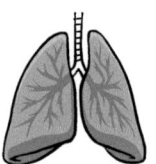

легені
pulmón

печінка
hígado

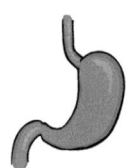

шлунок
estómago

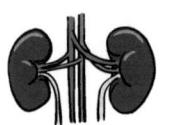

нирки
riñones

статевий акт
sexo

презерватив
condón

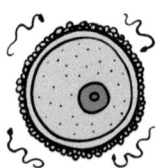

яйцеклітина
óvulo

сперма
semen

вагітність
embarazo

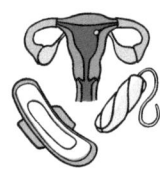

менструація

menstruación

вагіна

vagina

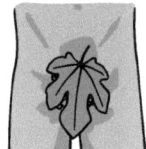

пеніс

pene

брова

ceja

волосся

cabello

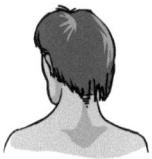

шия

cuello

лікарня

hospital

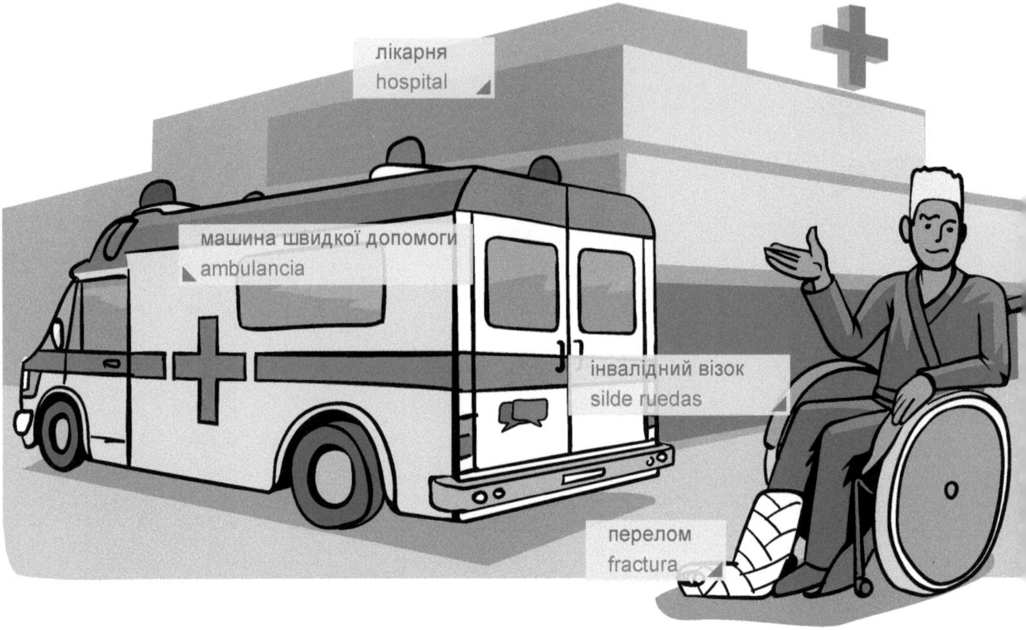

лікарня
hospital
машина швидкої допомоги
ambulancia
інвалідний візок
silde ruedas
перелом
fractura

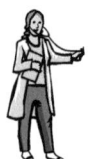

лікар

médico

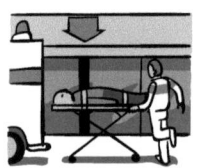

відділення швидкої медичної допомоги

sade emergencias

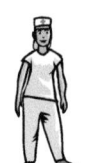

медсестра

enfermera

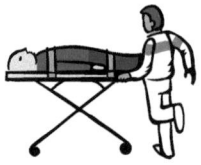

аварійний випадок

emergencia

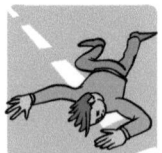

непритомний

inconsciente

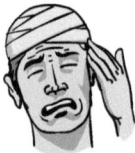

біль

dolor

травма

lesión

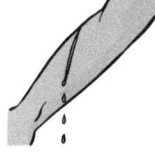

кровотеча

hemorragia

інфаркт

infarto

інсульт

accidente cerebrovascular

алергія

alergia

кашель

tos

лихоманка

fiebre

грип

gripa

пронос

diarrea

головна біль

dolor de cabeza

рак

cáncer

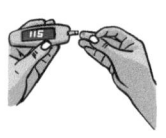

діабет

diabetes

хірург

cirujano

скальпель

bisturí

операція

operación

КТ

TC

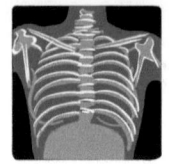

рентген

rayos x

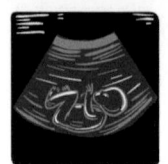

ультразвук

ultrasonido

маска

mascarilla

хвороба

enfermedad

зал очікування

sade espera

милиця

muleta

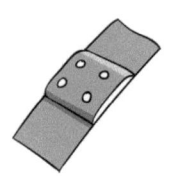

пластир

vendita

пов'язка

vendaje

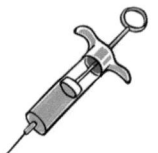

ін'єкція

inyección

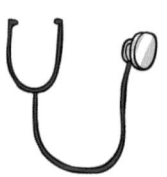

стетоскоп

estetoscopio

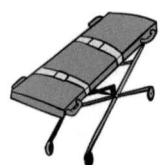

ноші

camilla

термометр

termómetro

народження

nacimiento

надмірна вага

sobrepeso

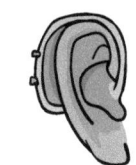

слуховий апарат

audífono

дезінфікуючий засіб

desinfectante

інфекція

infección

вірус

virus

ВІЛ / СНІД

VIH / SIDA

медицина

medicina

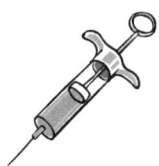

вакцинація

vacunación

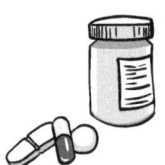

таблетки

tabletas

протизаплідна пігулка

pastilanticonceptiva

екстрений виклик

llamada de emergencia

тонометр

medidor de presión

хворий / здоровий

enfermo / sano

сигнал тривоги

alarma

напад

agresión

Допоможіть!

¡Socorro!

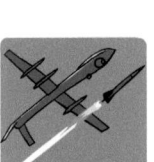

атака

ataque

небезпека

peligro

аварійний вихід

salida de emergencia

Вогонь!

¡Fuego!

вогнегасник

extintor de incendios

аварія

accidente

аптечка

botiquín de primeros
auxilios

СОС

SOS

поліція

policía

Європа

Europa

Північна Америка

Norteamérica

Південна Америка

Sudamérica

Африка

África

Азія

Asia

Австралія

Australia

Атлантика

Atlántico

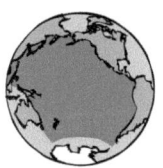

Тихий океан

Pacífico

Індійський океан

Océano Índico

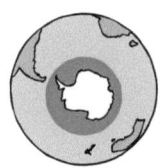

Антарктичний океан

Océano Antártico

Північний Льодовитий океан

Océano Ártico

Північний полюс

polo norte

Південний полюс

polo sur

Антарктика

Antártida

Земля

tierra

суша

tierra

море

mar

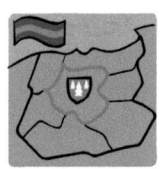

острів

isla

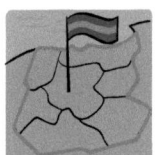

нація

nación

держава

estado

циферблат

esfera

годинникова стрілка

manecilde las horas

хвилинна стрілка

minutero

секундна стрілка

segundero

Котра година?

¿Qué hora es?

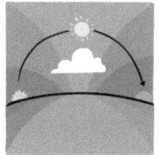

день

día

час

hora

зараз

ahora

цифровий годинник

reloj digital

хвилина

minuto

година

hora

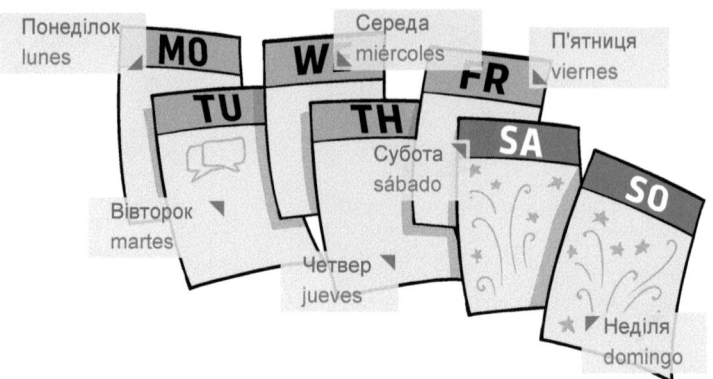

Понеділок / lunes
Середа / miércoles
П'ятниця / viernes
Вівторок / martes
Четвер / jueves
Субота / sábado
Неділя / domingo

вчора
ayer

сьогодні
hoy

завтра
mañana

ранок
mañana

опівдні
mediodía

вечір
tarde

робочі дні
días laborables

кінець робочого тижня
fin de semana

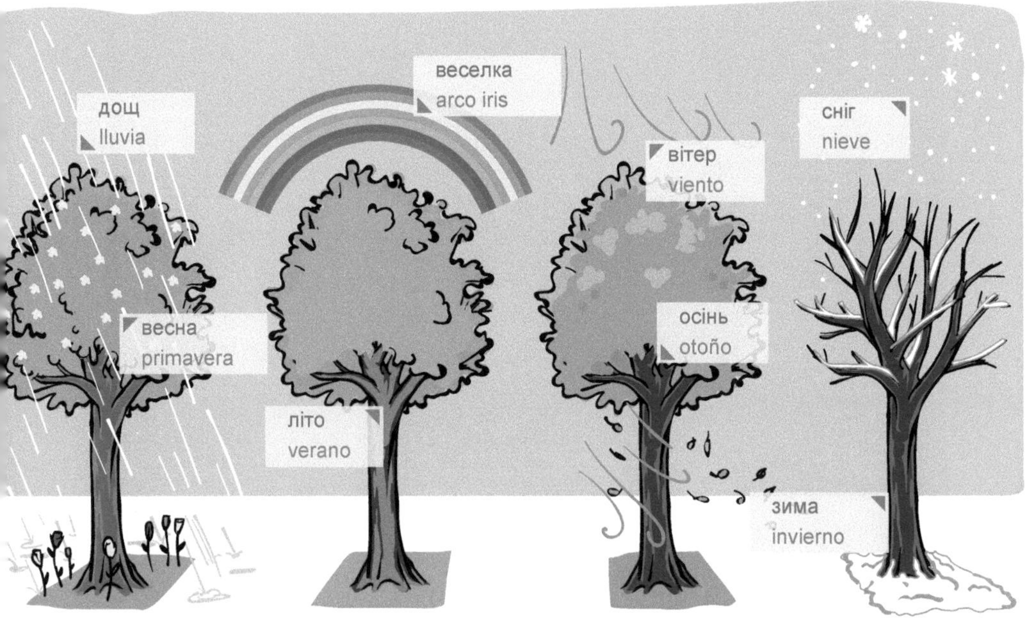

веселка
arco iris
дощ
lluvia
сніг
nieve
вітер
viento
весна
primavera
осінь
otoño
літо
verano
зима
invierno

4.APRIL 11°
5.APRIL 4°
6.APRIL 13°
7.APRIL 8°
8.APRIL 10°

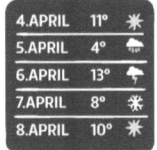

прогноз погоди
pronóstico dtiempo

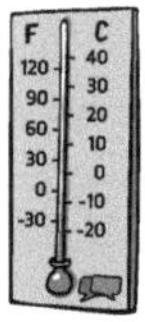

F C
120 40
90 30
60 20
30 10
0 0
-30 -10
-20

термометр
termómetro

сонячне світло
sol

хмара
nube

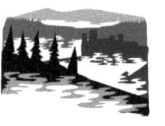

туман
niebla

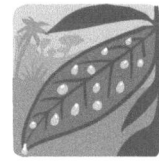

вологість повітря
humedad

блискавка

rayo

грім

trueno

шторм

tormenta

град

granizo

мусон

monzón

повінь

inundación

лід

hielo

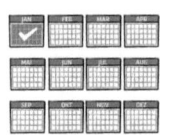

Січень

enero

Лютий

febrero

Березень

marzo

Квітень

abril

Травень

mayo

Червень

junio

Липень

julio

Серпень

agosto

Вересень

septiembre

Жовтень

octubre

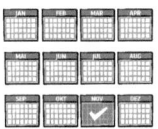

Листопад

noviembre

Грудень

diciembre

форми
formas

круг

círculo

квадрат

cuadrado

прямокутник

rectángulo

трикутник

triángulo

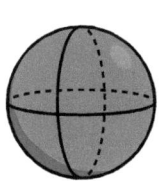

куля

esfera

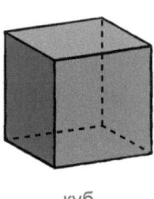

куб

cubo

білий

blanco

жовтий

amarillo

помаранчевий

naranja

рожевий

rosa

червоний

rojo

фіолетовий

morado

синій

azul

зелений

verde

коричневий

marrón

сірий

gris

чорний

negro

багато / мало

mucho / poco

лютий / мирний

enojado / tranquilo

гарний / бридкий

bonito / feo

початок / кінець

principio / fin

великий / малий

grande / pequeño

світлий / темний

claro / oscuro

брат / сестра

hermano / hermana

чистий / брудний

limpio / sucio

завершений / незавершений

completo / incompleto

день / ніч

día / noche

мертвий / живий

muerto / vivo

широкий / вузький

ancho / angosto

їстівний / неїстівний

comestible / no comestible

злий / дружній

malo / amable

збуджений / нудьгуючий

entusiasmado / aburrido

товстий / тонкий

gordo / delgado

спочатку / востаннє

primero / último

друг / ворог

amigo / enemigo

повний / порожній

lleno / vacío

жорсткий / м'який

duro / blando

важкий / легкий

pesado / ligero

голод / спрага

hambre / sed

хворий / здоровий

enfermo / sano

незаконний / законний

ilegal / legal

розумний / дурний

inteligente / tonto

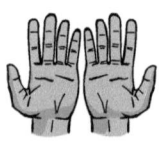

вліво / вправо

izquierda / derecha

поруч / далеко

cerca / lejos

новий / використаний

nuevo / usado

нічого / щось

nada / algo

старий / молодий

viejo / joven

вкл / викл

encendido / apagado

відкрито / закрито

abierto / cerrado

тихо / гучно

silencioso / ruidoso

багатий / бідний

rico / pobre

правильно / неправильно

correcto / incorrecto

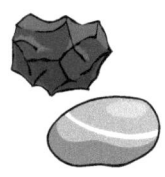

шорсткий / гладкий

áspero / suave

сумний / щасливий

triste / contento

короткий / довгий

corto / largo

повільно / швидко

lento / rápido

вологий / сухий

húmedo / seco

гарячий / холодний

caliente / frío

війна / мир

guerra / paz

0

нуль

cero

1

один

uno

2

два

dos

3

три

tres

4

чотири

cuatro

5

п'ять

cinco

6

шість

seis

7

сім

siete

8

вісім

ocho

9

дев'ять

nueve

10

десять

diez

11

одинадцять

once

12
дванадцять
doce

13
тринадцять
trece

14
чотирнадцять
catorce

15
п'ятнадцять
quince

16
шістнадцять
dieciséis

17
сімнадцять
diecisiete

18
вісімнадцять
dieciocho

19
дев'ятнадцять
diecinueve

20
двадцять
veinte

100
сто
cien

1.000
тисяча
mil

1.000.000
мільйон
millón

числа - números

англійська

inglés

американська англійська

inglés americano

китайська
високочиновницька

chino mandarín

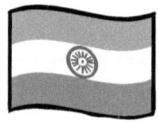

хінді

hindi

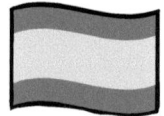

іспанська

español

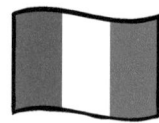

французька

francés

арабська

árabe

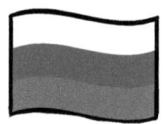

російська

ruso

португальська

portugués

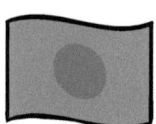

бенгальська

bengalí

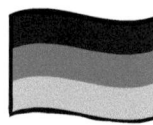

німецька

alemán

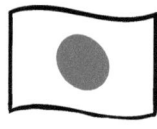

японська

japonés

я

yo

ти

tú

він / вона / воно

él / ella

ми

nosotros

ви

vosotros

вони

ellos

хто?

¿quién?

що?

¿qué?

як?

¿cómo?

де?

¿dónde?

коли?

¿cuándo?

ім'я

nombre

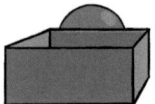

ззаду

detrás

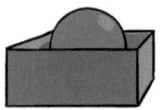

в

en

перед

delante de

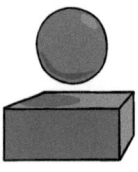

над

por encima de

на

sobre

під

debajo de

біля

junto a

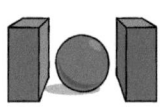

між

entre

місце

lugar